해맑은 샘물처럼 솟아 흐르는
감성의 한 송이 꽃을 피우기 위해
끝없이 사유(思惟)합니다.

해 성 스님 시집

하얀 고무신

지식과사람들

▌시인의 말

어느 날
시낭송회에서 만난 시와의 인연은
깨우침을 던져주는 수행자의 화두로
욕심도 성냄도 미움도 사랑도 모두 내려놓고
먼 산으로 흘러가는
한 조각 구름을 우러릅니다.

시는 자연과 모든 대상을
마음으로 상상하고 생각하며 즐기는 여행,
물소리 바람소리 가슴으로 알아차리며
해맑은 샘물처럼 솟아 흐르는
감성의 한 송이 꽃을 피우기 위해
끝없이 사유(思惟)합니다.

어디로 가야할지, 어디로 갈 것인지
모르는 인생의 길 걸으며 찌든
하얀 고무신의 때를 정진으로 깨끗이 닦아내는,
처음처럼 순수한 본래의 마음을 찾는 다짐 속에
첫 번째 시집 '하얀 고무신'을 상재하며
도움을 주신 모든 분들께 두 손 모아 감사드립니다.

2019년 11월
해 성 스님

▌목차

제1부
어머니의 풍경소리

처마 밑 물고기 바람에 기대어 눈물소리로 나를 부른다

제2부

아침햇살 기지개 켜면

참회의 기도 청정한 이슬 되어 연잎 위에 구르고

■ 목차

제3부
이슬은 나비되어
연분홍 향기 그리움에 꽃잎 부르고

제1부

어머니의 풍경소리

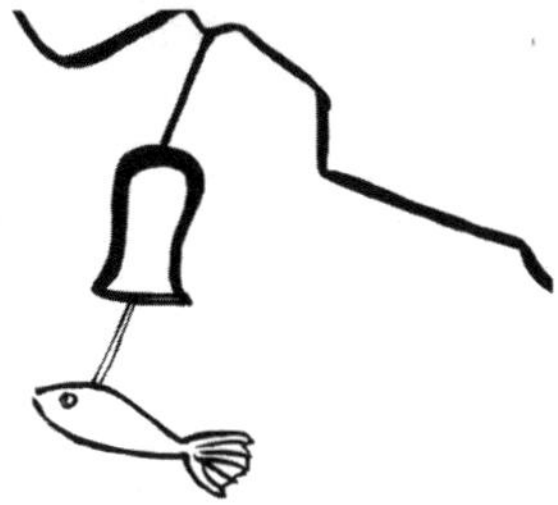

처마 밑 물고기 바람에 기대어
눈물소리로 나를 부른다

물결

바다에 안긴
노을
그리움의 한줌
파도소리에 묻힌다

가슴 한켠 얹혀 있는
희미한 미소
영혼을 흔들고

쉼 없이
솟구치는 외로움
모래섬 쌓는다

삶의 갈피 속으로
끝없이 밀려오는
저 파도의 물결처럼

찻사발

햇살 스며드는 툇마루
솔가지 스쳐오는 바람소리에
차를 달인다

허공에 기대어
쓸쓸함을 달래주는
솔차 향기

지친 마음자리
내려놓으니
가슴 깊이 여울져 오는
그리움

찻사발에
구름 한 조각 담아 마신다

마음

한자락 바람소리
가지마다 맴도는데

가슴 적셔오는
그리움의 심연

삶의 뒤안길에서
아른거리는 추억
들여다보니

한없이 흔들리는
여린 마음 한 조각

한 폭의 그림 되어
허공에 걸린다

하얀 낮달

인적 없는 산모퉁이
적막 흐르고

고독에 흔들거리는 갈대
홀로 쓰러진다

그리움 하나
시리게 젖어드는데

구름 사이
외롭게 밀려가는

하얀 낮달

세월

힘찬 날갯짓
젊음을 수놓고
활짝 열린 가슴으로
영원을 다짐하던 꿈

세월이란 이름에
흔적 없이 무너져
낙엽으로 흩날리는
인생의 발자국

창문 밖
일렁이는 바람소리
아쉬움의 흔적 달래며
이제 어디로 가려는가

안개

비 그친 아침
석촌호수
그 공원을 걷는다

안개를 걸쳐 입은
풀과 나무들

내 마음 잔잔히
사랑으로 덮어주네

시(詩)

고독한 어둠 안고
노을 닮은 눈빛으로
가냘프게 흔들리는 들국화

허물어진 돌담 옆
거미줄에 부서지는 소리에
그림자 이슬로 사라지고

모양도 없는데
홀로 움직여 깊이 숨은
그대

그대를 품고자
방황하는 먼 그곳

붓끝의 마음

처마에 걸린 달
창 틈 사이 부는 바람
님 향한 애절함을
붓끝에 담는다

산비탈 바위 틈
휘어지는 곡선
난(蘭) 잎의 고고함

꽃대에 달린
단아한 꽃망울

구름도 쉬어가는 이 밤
은은한 묵향에
피어나는 그리움

추억

나뭇잎 흔들리듯
너의 숨소리
어디선가 맴도는데

소리 없는 녹차향에
그리움
묻어온다

예쁜 들꽃 머리에 이고
담장 아래
마주한 눈빛

빛바랜 사진 속으로
기억 스쳐가고

가슴속
추억으로 내리는 안개
눈물 되어 흐른다

가을비

어둠을 쫓아내는
세찬 빗소리
창문 두드리고

나뭇잎 흩날리는데
밤잠 설치는
아쉬운 이별

흐느끼는 들국화
보고픈 몸부림에
쓰러지는데

빗물로 토해내는
고달픈 영혼
지워지지 않는
인연의 슬픈 굴레

사랑의 담소

숲속에 쌓인 낙엽
새싹 움트는 소리에
미소 짓는다

곁에 앉아
한 소절 노래 읊조리니

꽃바람 안고 다가오는 아지랑이
손 내민 담소

고요히 들려오는
행복의 저 숨소리

봄바람

산기슭 낮게 깔린
나뭇잎 사이
재잘거리는 새싹들

여린 가슴 열어
봄을 맞는다

가슴을 열고
사랑 나누는
연두 빛 향연

나뭇가지 지나던
바람
그대 품에 기대어
노래 부른다

별

나뭇가지 사이
눈 맞추는
별 하나

구름도 헤치고
소리 없이 내려앉는
그 별송이에
가슴 설레인다

별빛 머금은
옛 모습에

사랑 눈길 보낸다

비의 가슴

떨어지는 빗방울은
유리창에 비친 님의 얼굴

그리다가
지우다가
창 너머 빗물에
잊힌 얼굴
흘려 내린다

바람에 흩어지는
빗물
가슴 적시는데

비 그친 후
금빛 노을에 쓸려가는
그리움 하나

바람

창가에 스치는 달
나뭇가지 걸터앉아
아픔을 적신다

오랜 시간
쉬지 않고 달려와

하얀 사랑
솔가지에 걸어놓고
밤새 속삭이다
이슬로 맺힌 바램

보이지 않아도
느낄 수 있는 포근함

온몸을 휘감으며
속삭이는 바람

창가에 스치는 달
나뭇가지 걸터앉아 아픔을
적신다

열매

노을 닮은
단풍잎
그림으로 수놓고

무더위
거친 비바람 속에서
태어나

자신을 버리고
베풂을 실천하는 모습에

너희들과 벗하며
나누는 기쁨으로
향기로운
길을 가련다

나그네

끝없이 흐르는 허전함
산과 계곡을 헤매어도
찾을 수 없고

만나고 헤어지는 인생

구름에
번뇌 망상 흘려보낸다

무심할 수 있다면

인생 열차

바람 날개 기대어
흘러가는 구름에
세월 속 사연 싣고

공허한 마음자리
다독이며 달린다

창문 밖 비치는
희로애락의 풍경

꽃날개 흩날리며
쉼 없이
인생의 종점을 향한다

내릴 수도
멈출 수도 없는
내 인생의 기차여행

커피 한 잔

들풀 적시던
가랑비 지나니
산새들
낭랑한 노래

대청마루에 홀로 앉아
마시는 커피 한 잔

초록향에
속삭이는 나뭇잎 소리

흘러가던
구름 한 점
찻잔에 내려앉는다

고향 친구

장독대 옆에서
소꿉놀이 하던 친구

힘들고 아프던 마음
달래어 주던
이제는 소식 없는 친구
어디로 떠났는지

아련히 떠오르는
고향 뒷동산
기우는 석양에
보고픈 마음적어 보낸다

드넓은 하늘
뭉게구름 따라

힘들고 아프던 마음 달래어 주던
이제는 소식 없는 친구

샘물

쉬어가는 산모퉁이
봄바람도 수줍어
옹달샘에 떠 있다

연분홍 꽃잎 물에 띄우니
뭉게구름 다가와
가슴에 안긴다

마르지 않는 저 샘물처럼
영원한 사랑
가슴에 품어
나누고 싶다

모자

시장에 들러
털실 한 타래에
바늘도 데려온다

실과 바늘 함께
밤을 지새워
풀었다 감았다
한 올 한 올 담은
둥근 모자

따뜻한 그 손길
사랑으로 겨우내
따듯하여라

어머니의 풍경소리

금빛노을 내려앉은 산자락
나부끼던 수풀 가쁜 숨을 삼키고
뭉게구름 쉬어가는 고요한 산사

땡그렁 땡　땡그렁 땡
처마 밑 물고기 바람에 기대어
눈물소리로 나를 부른다

이 세상 무엇과도 바꿀 수 없는
귀한 보배라며 잔잔한 미소로
어루만져 주시던
어루만져 주시던 어머니 어머니

잡은 손 뿌리치고 돌아선
이 자식 그리워 가슴 조이며
황혼 빛 그늘에서
옥 같은 모습 사라진 어머니

긴 세월 불효함에
가슴 깊이 묻어둔 눈물 감추며
풍경소리에 어머니의 사랑 담아
바람에 실려 보낸다

풍경소리에 어머니의 사랑 담아
바람에 실려 보낸다

한강의 추억

푸른 강물 위에
수놓은 찬란한 오색 빛
소망 싣고 떠다니는
유람선

저 멀리 남산 타워 손짓할 때
오랜 시절 잊히지 않는
너를 회상한다

나룻배 기다리다
물장구 치고
겨울이면 썰매 타며
즐기던 시절

세월의 물살에
잊고 달려온
우정의 그림자

강물에 내려앉은
별들의 속삭임에
그리움 담아 보낸다

청춘

은빛 물결
반짝이는 호수
신록이 물든다

피어나는 꿈
물새들의 날갯짓
샘솟는 청춘의 희망

갈대 함성에
초록의 미련 없는 향기

쉼 없이 가는 세월
젊음을 안고
물 위에 반짝이는데

휴대폰

손끝 따라 눈 맞추는
삶의 길

정보의 지식으로
자양분 가득 모아

싱그러운 추억
마음속에 걸어 주고

잊었던 기억 찾아
채워주는 넉넉함

오직 너만 바라보며
절친으로 접수하는
고마운 친구

군고구마

살갗 에이는 까슬한 바람
문살 두드리고

붉게 타오르는 화롯불에
고구마 익는 소리 향기롭다

검게 타버린 살결
지친 모습으로
올올이 벗기고

노란 속살 호호 불어
입 안 가득 넣어주던
어머니의 사랑
밤새 눈꽃으로 피었네

거울

소나무 숲 아래
흐르는 계곡

지친 몸 내려놓고
물소리 바람소리
마음 적신다

솔향기에 담은
풍경화는
파란 꿈 안은
내 마음 같고

물 위에 송사리 떼
내 얼굴은 둥실둥실
어쩜 저리도
맑고 투명한
거울 같을까

바위

아침 햇살 머리에 이고
허공에 떠 있는 산마루 바위

세상의 주춧돌이 되라
두 손 모은
어머니의 기도처럼
굳은 의지 흔들림 없고

시간 지나도 영원한
부동의 모습
눈물 머금으며 견딘
온갖 고난

구름 속에 실린
친년의 마음
숭고하시다

세월이 흘러도
바위처럼 변함없는
그 모습
그 모습

하필이면

그늘진 산천
여린 풀처럼

때로는 흐느끼고
때로는 즐기면서

마음속 깊이 울린
절규의 함성처럼
영혼마저 삼켜 울어도
들리지 않는 메아리

하필이면 오늘도
온 몸에 선율이 흐르도록
그칠 줄 모르는 소리

색소폰 너를 안고

백두산 천지에서

민족의 영산
백두산 오르는 길

자작나무 숲을 지나니
녹지 않고 쌓인 눈

천년 광음
묵묵히 지켜온 영혼

웅장한 천지
하늘 안은 옥빛 눈물
끝없이 다가오는 흰 구름

가슴속 맺힌 한
백두산 천지에게
통일을 기원하며
또 하루를 보낸다

압록강의 눈물

백두산 천지에서
이천 리 흐르는 강물
남북으로 흩어진
가슴 저린 한(恨)의 눈물

강 건너 가까이 보이는
북한 땅
건너갈 수 없는 애절함에
눈물 삼킨다

강변에 모여
우리의 소원은 통일을 부르며
목탁소리 맞추어
아제 아제 바라아제 힘찬 독송에도
대답 없는 메아리

압록강 물 흘러 흘러
한강에서 만나듯
우리 민족 하나 되는 간절한 발원에
하늘도 감동하여
눈물 짓는다

절구

두근거리는 가슴
줄을 선다

나락이 먼저 들어가서
쌀을 만들고

보리가 들어가서
보리쌀을 만들며

콩이 들어가서
콩가루를 만든다

어머니 마음
사랑의 손길

머무는 자리마다
새 삶을 만든다

비

시든 풀잎
속빈 곡식은
굶주림의 아픔을
허겁지겁 달래는데

날개 젖은 새들과
산짐승들은
둥지를 찾아 헤맨다

하나를 얻으면
하나를 잃어야 하는
자연의 순리

가뭄 속
비에 웃고
비에 우는 삶

모두를 품는
어머니의 가슴
모정의 비는 없을까

붓

달 밝은 밤
눈빛 정원 눈부신데
정갈한 머릿결
숨죽인 손길과 춤춘다

쓰러질 듯
앞만 보고 걸어온
핏빛 발자취
희로애락으로 담으니

백발 선연한 세월도
텅 빈 가슴 속
잔잔한 메아리로 머문다

문고리

보고파도
들어서지 못하고
하루 종일 추위에 떠는
녹 슬은 문고리

달빛여린 밤에는
행여 환청의 인기척으로
문 열까 기다리며
긴 밤 지새운다

바람소리에도
설렘으로
귀 기우리는 가슴

천년 그리움에
사무친 아픔 달랠 길 없다

천년 그리움에
사무친 아픔 달랠 길 없다

옥수수처럼

한 줄 두 줄
샛바람으로
소망을 쌓는다

파란하늘
새털구름으로
아름다운 내일을 쌓는다

가을 들녘
황금빛 찬란하게
알알이 여무는
옥수수처럼

시 쓰기

무엇을
어떻게 쓸까

푸른 산천
흐르는 강
모래알처럼 많은 시재(詩材)
끝없이 사유하다

선택의 혼돈
끝없는 늪 속으로 함몰되며
흘리는 눈물

오늘도
활짝 필 시상은
안개 속 실빛 반짝임처럼
요원하다

뭉게구름

쉬지 않고 달려온
세월

얻은 것도
잃은 것도
변함없는 그 자리

이마의 주름 깊고
생명의 끈 느슨한데

단풍으로 물든
산과 들에 맴도는
뭉게구름

낙엽

산사 처마 밑 댓돌 위
하얀 고무신

머뭇거리며 내려앉는
애잔한 나뭇잎
존재의 허망함

가버린 인생사
갈피갈피마다 접어둔
마음 한 자락

낙엽보다 더 아픈 흔적들
밤하늘 헤매인다

제2부
아침햇살 기지개 켜면

참회의 기도 청정한 이슬 되어
연잎 위에 구르고

텅 빈 가슴

자욱한 안개
비 내리는 산사

구름 위에 앉아
기쁨도 슬픔도 내려놓으니

목탁 소리
가슴에 안긴다

연꽃

아침햇살 기지개 켜면
정토(淨土) 세상
문을 열고

아련한 향기 피워
풀벌레 개구리도
노래로 반겨주네

참회의 기도
청정한 이슬 되어
연잎 위에 구르고

중생의 목마름
자비로 채워주니
그윽한 자태
관세음의 미소로다

인생

먼 산에 떠가는
한 조각 구름 같이
어디로 갈 것인지
어디로 가야할지
모르는 인생사

욕심도 내려놓고
성냄도 내려놓고
미움도 사랑도 날려 보내고

쉼 없이 흘러가는
우리 인생

무명의 번뇌 짊어지고
길을 찾아 나선다

우리는 모두 하나

우리는 모두 하나
너와 내가 둘이 아니죠

함께하는 그런 세상
우리 모두 만들어 봐요

사랑과 자비의 손꽃
마음 따라 피어나서
고통 받는 중생들의
희망의 향기 되어

아름다운 행복의 문을
끝없이 열어주는
우리들의 사랑의 손길
자비의 메아리여

하얀 고무신

처음처럼 하얀 마음 찾아서
머나 먼 길을 걷고 또 걷는다

땀과 눈물로 찌든 때
마음으로 씻어내며
끝없는 길을 걷고 또 걷는다

혼자 가는 외로움
빗물에 스며드는 험난한 길

달빛으로 꿰매어
댓돌 위에 놓으니
바람에 낙엽 한 잎 들어앉는다

깊은 밤 지새우며
가슴속을 떠나지 못하는
탐진치 삼독심(三毒心)을
살포시 내려놓는다

달빛으로 꿰매어
댓돌 위에 놓으니
바람에 낙엽 한 잎 들어앉는다

산사의 밤

밤새 눈이 내려
도량은 하얗게 덮인
아름다운 세상

새벽예불 목탁소리에
처마 밑 매화나무
수줍은 미소

가슴 먹먹함
고요 속에 잠들고
한량없는 마음으로

청아한 풍경소리
밝아오는 여명

마음의 그림자

내 마음의 그림자는
어떤 모습일까

삶의 길목
어두운 그림자 서려
힘이 들어도

인생의 실타래
끝없이 이어져도

기도와 수행으로
일어서는 모습
마음을 나스리며
나아가는 자신

내 마음의 그림자
뒤돌아보며
포근한 미소
나정한 말을
건넨다

부처님 오신 날

봄빛 따뜻한 룸비니 동산
무우수 꽃 만발할 때
자비의 물결 타고 님께서 오셨네

온 세상이 고통 속에 잠겼으니
내 마땅히 그대들을 편안하게 하리라며
일곱 걸음 걸으실 때 연꽃이 피어났네

당신을 우러러
오색등불 밝히어
님의 오심 찬탄하고
평화로운 세상 향해
합장 올리니

영원한 자유 열리고
행복이 다가오는 소리
너와 내가 하나 되는 세상의 주인
사랑하는 마음으로
자비의 꽃 피우리

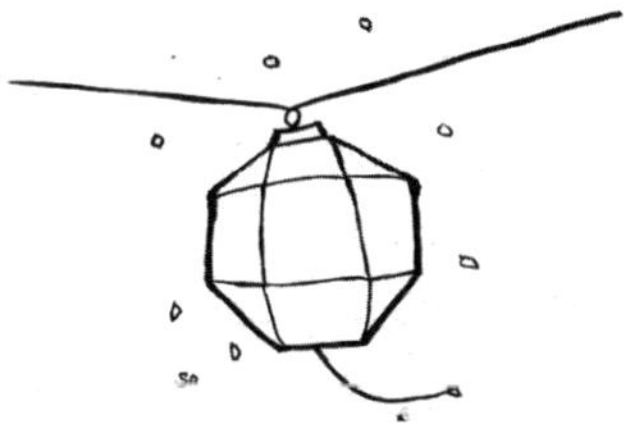

너와 내가 하나 되는 세상의 주인
사랑하는 마음으로
자비의 꽃 피우리

목탁

산속
고요한 산사

서원의 밧줄 부여잡고
무릎 꿇은 애절함에

또드락 똑 똑 똑
터질 듯한 가슴
홀연히 비워낸다

끊임없는
생명의 소리로
간절함을 안아주는
소리

온 몸의 상흔에
거룩한 위로가 되고

굳게 닫힌 가슴에도
날개가 되고

날마다 좋은 날

푸른 하늘 향해
우리 날마다 좋은 날 만들어 봐요

나만의 행복보다
이웃과 함께하는
그런 행복이 좋아요

어둠이 있는 곳에 밝은 빛이 되고
슬픔이 있는 곳에 기쁨을 주고
사랑과 자비로움 함께 나누는
희망과 행복의 노래 마음껏 불러 봐요

언제나 내 곁에서 울고 웃던 친구야
우리 모두 손잡고
날마다 좋은 날 행복한 날 만들어 봐요

계곡

봄바람에 수줍은
연분홍 진달래

일렁이는 풀 향기
가슴으로 안고
산길 오른다

돌 틈 사이
물줄기 하나
세상의 시름 모두 씻어주고
고달픔 다독이며
유유히 흘러간다

혼자라도
혼자가 아니라서
따뜻이 나누는

흐르고 흐르다가
저 먼 바다
물결로 나 만날거나

사진

금색 물결
베고 누운 바다
갈매기의 다정한 손짓에
춤춘다

부서지는 파도소리에
마음속 번뇌
선잠 깨어 떠나고

돛단배 안고 떠가듯 하니
긴 시간 흘러도
변함없는 그 향기

두 손 꼭 잡고
거닐던 바닷가

추억의 나래 펴고
꿈속을 날은다

꽃 전시회

전시장에 나들이 온
형형색색 꽃들이
화사한 봄빛 안고
고운 향기 가득
미소에 담는다

드러내지도
자랑하지도 않는
진리의 꽃망울이
사바를 비추인다

자비의 발길 내딛는
그 마음 자애롭게
그 향기 포근하게

목탁소리

산자락 휘어감은
그윽한 님의 향기
중생들 간절한 꿈
향 내음에 피어난다

바람결에 실려 오는
청아한 목탁소리
세상사 모든 시름
한 순간에 사라지니
자비로운 님의 미소
행복의 문 열린다

바람결에 실려 오는
산사의 목탁소리
세상사 모든 시름
구름다리 건너가
자비로운 님의 미소
행복의 등불이다

보존화

창문 옆 유리병 속
보존화 한 다발

언제나
시들지도 않는
그 모습 그대로
형형색색 피어있구나

헛된 욕심 없이
유리병 안에서도 편한 모습
자신에 만족하며 변함없는
그 영혼처럼
욕심 없는 삶
살아가고 싶다

나한의 미소

땅 속 오백여 년
수행하시다
국립중앙박물관에 나들이 오신
창령사 나한님

고상한 당신의 미소
지친 중생들
아픈 마음 달래주고
평온 꽃 피우시니

향기 가득한
당신의 자비로움
어느 미음속에
품을 수 있을까

우담바라

마음의 꽃
우담바라 미소 지으니
중생의 고통 소리
바람결에 사라지고
자비의 손짓으로
행복 세상 열리네

삼천 년에 한 번 피는
진리의 꽃
생명의 빛 밝혀주는
우담바라

님과 함께 피어나니
사랑이 열리는
정토 세상

찬란한 빛
성불의 꽃이여

관세음보살

자애로운 그 미소
관세음보살
천개의 눈으로 모든 중생 살피고
일천 개의 손으로 괴로움을 건지시는

자비하신 관세음 관세음보살
중생들 고통소리 자비로써 감싸고
지혜의 빛으로 무명 중생 밝혀주는
구고구난 관세음 관세음보살

우리 모두 두 손 모아 지심귀의 하옵니다

밤새 눈 내리고

깊은 밤 산사
숨죽인 듯 고요하다

옷 벗어버린 나무들
하얀 옷 선물하는
산과 들

아픔도 시련도
흑백으로 물들었다

순백의 솔바람 타고 와
가슴을 적셔주는
당신의 향기
그윽한데

옷 벗어버린 나무들
하얀 옷 선물하는
산과 들

지금 이 순간

뭉게구름 노니는
오대산 천년숲길

촉촉한 흙내음
솔의 향 솟아난다

물소리 바람소리
가슴으로 알아차리니

걸음 걸음 맺히는 땀방울
무명번뇌 씻어준다

지금 이 순간

청수사 약수

솜털 구름으로
하늘과 맞닿은
신록의 숲 청수사

건강 지혜 행복
세 줄기의 약수

차례를 기다리는
설레는 마음으로

세 줄기 다 마시면
욕심이 많다 하여
행복의 물만 마시니

닫혔던 가슴 열리고
허공 향해 속삭인다
행복
내 안에 있다고

해우소

오색단청 벗어버린
산사의 해우소

급한 마음 고요히
두 발로 버티고 앉아

매화 향 스며들어
하나 되니

몸속 비우고
마음 속 근심 내려놓는다

솔내음 가득 안고
밀려오는 풍경소리에

몸과 마음 여유로워지니
삶의 무게도 가벼워지네

님의 손길

사랑하는 당신의
그 목소리 듣고 싶어요

당신의 고운미소 바라보면서
우리 둘이 손잡고
푸르른 저 언덕을 함께 걷고 싶어요

지난날의 아픈 기억들은
모두 바람에 날려 보내고
님의 손길 그리면서
자비로운 마음의 꽃
아름답게 피우겠어요

아 님이시여
사랑하는 님이시여
언제까지라도
당신을 기다리겠어요

*청각, 시각, 지체장애인들의 발원

산사

간절한 발원
배낭에 가득 담아
오르는 백팔계단

은은히 울리는
스님의 목탁소리에
두 손 모아 머리 조아리니

고달픈 중생 마음
어루만져 주시는
부처님의 고운미소

번뇌 망상
구름 타고 날아가고

석굴암 가는 길

토함산 계곡
흐르는 물소리
다래넝쿨 우거진 모퉁이 돌아
석굴암 가는 길

양지바른 물가
풀잎 이슬
산벚꽃 이파리에
반가이 합장하고

고즈넉한 숲 속
작은 나뭇잎 되는 순간

바람으로 흐르는
노스님의 은은한 염불소리
빈 가슴 채워주는
거룩하신 님의 손길

제3부

이슬은 나비되어

연분홍 향기
그리움에 꽃잎 부르고

이삭

어느 봄날
여린 숲을 지나

무더위 땀방울에 익어
향기 더욱 짙어진다

무지갯빛 고운
가을의 속삭임에
아름다운 시간을 만나

바람 안은 노을
하루의 삶을
포근히 안아준다

꽃

봄을 여는 바람
눈 맞춤에
사랑을 나누고

달콤한 그 향기
메아리치니
어여쁜 꽃들
가슴에 피어난다

꽃처럼 고운 마음
다 함께 어우르니
고운 향기 가슴마다
환하게 파도친다

호박

척박한 땅 가리지 않고
돌과 잡초 방석 삼아
느긋이 가부좌로 틀어 앉아

바람소리 죽비 삼고
들숨 날숨 호흡하며
영그는 세월을 보낸다

태양의 성화에
가슴은 비어 가는데
세찬 풍파에
깊게 패인 주름

어머님 품속처럼
잘 익은 가을이다

수박

설레는 마음
줄무늬 옷 걸치고
길을 나선다

임에게 안겨도
젖은 외로움
떠날 줄 모르고

한 여름
불타는 사랑인가
순간 사라져버린
눈물의 환희

단풍

푸르던 잎새
어느새
가을빛에 숨어
살며시 돌아선다

더 사랑하지 못한 아쉬움
나부끼는 잎새에
붉게 물든 가슴

노을 닮은 고운 옷 갈아입고
먼 산 바위에 기대어
마음 전해본다

애절한 설렘으로

한줌의 햇살

먼 산 바위틈에
곤히 잠자던 하얀 눈
참새들 소리에 새벽을 깨우고

산 너머 한줌 햇살
봄바람 안고 온다

겨우내 침묵하던
산수유 꽃망울
수줍은 그 얼굴
가슴 설레는 숨소리에
개울가 버들강아지
은빛 옷 차려입고 보송히 서 있다

소리 없이 다가오는
영원한 사랑 채우고 싶다
봄의 속삭임에

봄이 오는 소리

한줌의 햇살
얼었던
땅과 눈을 녹이니

잠자던 여린 새싹
따사로운 빛
기지개로 눈 맞춘다

민둥산 아지랑이
아른아른 피어오르고

새들도 지저귀며
친구 찾아 날아오니

꽃향기 안고
그대 가슴속에
포근히 안긴다

아지랑이

멀리서 가물가물
다가갈 수 없는 인연

두 손으로 안고 싶어도
그 마음 헤아릴 수 없어

보고 싶다 소리 질러도
멀리서 손짓하며
미소만 보일 뿐

가을

나뭇잎 붉게 물드니
어느새 풀벌레 울음소리
빈 가슴 채워준다

잊힌 인연도
흐르는 세월 속에
손 내밀어 다가오고

아픔의 시련도
바람에 날려
지친 가슴 어루만져 준다

툇마루에 걸터앉아
먼 산 바라보니
지나간 나날들
가을처럼 스쳐간다

갈대

강 건너 석양 빛
출렁이는 은빛 물결

물새들 날갯짓도
하늘을 수놓는다

바람 만난 갈대
다정히 속삭이는 소리

추억에 취해
그리움을 다독이는
갈대의 자장가

노을에 흔들린다

흰 눈

세파에 쌓인 번뇌
하얗게 덮이는데

내딛는 걸음마다
발자국 남는다

하늘에서 내려준
이 하얀 도화지에
무슨 그림으로
내 인생을 그릴까

꽃 사랑

나지막이 속삭이며
곱게 피어나
눈 맞추는 꽃송이에
아름다움 한 아름 받았습니다

햇살과 벗하여
가슴을 열어주는
그 향기에
기쁨 한 아름 받았습니다

모진 비바람
낙엽소리 잠재우고
벌 나비 초대하여
대화하는 꽃망울에
행복 한 아름 받았습니다

스치는 순간 기분이 좋아지는
아름다운 꽃들
당신의 가슴 속에 피어나는
영원한 사랑입니다

들꽃

깊은 산속
바위틈에 자리 잡아

떠다니는 햇살 부르며
앙증맞고 고운 색으로
피어나는 꽃망울

발길 멈추고
다가앉아
꽃들의 속삭임에 귀 기울인다

바람에
얼굴을 비벼대는
수줍은 소녀 같은
청순함에
내 마음도 담아본다

발길 멈추고
다가앉아
꽃들의 속삭임에 귀 기울인다

매화

풍경소리에
사뿐히 춤추는
하얀 눈송이

긴긴 겨울 온갖 시름
묵묵히 수행하는 매화에
단아하게 내려앉는다

터질듯
부풀어 오르는 꽃망울
눈 속을 더듬는 속삭임에
살며시 고개 내민다

선방 문 두드리는 그 향기로
그리움 가득
도량에 떠도는 붉은 꽃

달맞이꽃

어둠이 누운 자리
스쳐가는 달빛에
노란 꽃망울 기지개 편다

고요한 숨소리
설레임 품어
너에게 안긴다

가슴 속 그리움으로
지친 몸 감싸주는
너

밤새운 속삭임에
여명도 뒤척인다

민들레

외로운 길모퉁이
깊은 잠 깨워주는
빗방울의 소곤거림

살며시 손 내미는
수줍은 햇살

차이고 밟혀도
푸른 하늘 우러르며
피어나니

임 향한 그리움
노랗게 갈무리하고
어느새 홀씨 되어
허공을 날아간다

야생화

실 햇살 받으며
바위틈 사이
고운 색으로 피어나는
야생화

청순한 모습
마주하니
티 없이 맑고 순박했던
옛 시절 친구들 생각난다

그리움 가득 추억을 담아주는
아름다운 들꽃
야생화

수선화

아른거리는 옛 추억
하늘에 걸리고

해변가 돌담 사이
수선화와 눈 맞춘다

노란 향기
수줍은 미소
바람에 흔들리며
웃음 짓는다

잔잔한 파도소리
외로움 달래고

한 자락 그리움
그대 그림자로
머물고 싶은
이 영원

나팔꽃

담벼락 오르며
귓가에 닿는 보라빛 향기

바람이 불 때마다
들리는 너의 숨소리

첫 사랑 노닐 때
두근거리며
품에 안기어도
말 못하고
묻어둔 그 한마디

수줍음 감추려는
소박한 너의 얼굴
나팔꽃 가슴에 안는다

세월 속에 묻어버린 아픔을

진달래

연분홍 향기
그리움에
꽃잎 부르고

향기로
나를 부르며
꽃잎은 산들산들
손에 닿을 듯
다가오고

이슬은 나비되어
들판에
피어오른다

이슬은 나비되어
들판에 피어오른다

능소화

담장에 기대어
흔들리는
주홍 꽃송이

붉게 물든 가슴에
꽃줄기 늘어져
하늘 보며 종일
기다리는 발자국 소리

산등성 조각달
마중 나와 달래주는
외로움

벚꽃

모진 눈보라 이겨내고
햇살 아래 숨겨둔 꽃망울
살포시 고개 내민다

가지마다 꽃눈 피우니
손 흔들며 온 몸으로 춤추는 향연

어느새 꽃비 되어
땅 위에 쌓인다

사람들 지나가도
아픔 잊은 그 모습

평화로운 꽃잎에
피어나는 삶의 향기
영원히 아름다워라

코스모스

길가에 모여
오순도순
순정을 피운다

작거나 크거나
자랑하거나
뽐내거나
차별하지 않고

하나로
어울려 사는
아름다운 삶의 물결

은행잎

가을
물들이는
노란 은행잎

바람의 숨결로
승무 춤사위를 펼치며
거리마다 수놓는다

아득히 들려오는
낙엽의 노랫소리
신기루로 밀어내며

내일 위해
오늘을 내려놓는
노란 은행잎 영혼에
욕망의 번뇌로 부서진
가슴 싣는다

자비행과 서정적 사랑시학의 진실

-자비(慈悲)와 인본주의의 '동질 화해'

김 송 배
시인. 전 한국문인협회 부이사장

1. '인생 열차'에서 조감하는 '존재'의 인식

현대시의 중심축은 어차피 '내 인생'의 행로에서 절실한 체험으로 각인되어 불망(不忘)의 관념으로 재생하는 이미지가 소재와 주제로 발현되는 것은 어쩌면 시 창작에서 간과(看過)할 수 없는 시법(詩法)으로 안착되고 있다.

이러한 시적 발상이나 동기는 그 시인이 체험한 인생 내면의 형상이기 때문에 거기에서 생성한 이미지는 상황 설정이나 전개에서 명징(明澄)한 주제를 적시하게 된다. 이것이 현대시의 양상(樣相)이며 한 형태(形態)로서 시의 정신이나 위의(威儀)에 상당한 범주(範疇)의 의식이 흐르고 있는 것이다.

여기 해성 스님이 상재하는 시집 '하얀 고무신'을 일별하면서 거기에 잠재해 있는 그의 시적 발원이 그가 현재 처해 있는 상황에서부터 시간성(현재, 과거, 미래까지)에서 동행해 왔거나 지향해야 할 정표(情表)가 '인생 열차'라는 정감이 포근하면서도 질게 현현되고 있음을 이해하게 된다.

우선 그는 '무엇을/ 어떻게 쓸까// 푸른 산천/ 흐르는 강/ 모래알처럼 많은 시재(詩材)/ 끝없이 사유하다// 선택의 혼돈/ 끝없는 늪 속으로 함몰되며/ 흘리는 눈물// 오늘도/ 활짝 필 시상은/ 안개 속 실빛 반짝임처럼/ 요원하다-'시 쓰기' 전문'는 시에 대한 완전한 이해보다는 앞으로 어떤 지향적인 인생관으로 시 창작에 임할 것인가에 대한 의문이 앞서고 있다.

해성 스님은 이러한 난제(難題)를 작품 '시(詩)' 전문에서 '고독한 어둠 안고/ 노을 닮은 눈빛으로/ 가냘프게 흔들리는 들국화// 허물어진 돌담 옆/ 거미줄에 부서지는 소리에/ 그림자 이슬로 사라지고// 모양도 없는데/ 홀로 움직여 깊이 숨은// 그대를 품고자/ 방황하는 먼 그곳'이라고 해법을 제시하여 시와 인생에 대한 상관성이 화해를 모색하고 있음을 이해하게 된다.

일찍이 누군가가 '인생이란 기쁨도 아니고 슬픔도 아니다. 이 두 가지를 지양하고 종합해 나가는 과정에서 파악해야 한다'는 말에서 알 수 있듯이 인생에 관한 진정한 의미가 작품에 투영될 때 우리는 좋은 작품이라고 말할 수 있을 것이다.

바람 날개 기대어
흘러가는 구름에
세월 속 사연 싣고

공허한 마음자리
다독이며 달린다

창문 밖 비치는
희로애락의 풍경

꽃날개 흩날리며
쉼 없이
인생의 종점을 향한다

내릴 수도
멈출 수도 없는

내 인생의 기차여행
　　　　-'인생 열차' 전문

해성 스님은 이처럼 '인생 열차'를 타고 운행을 시작했다. '바람 날개 기대어/ 흘러가는 구름에/ 세월 속 사연 싣고' 이제는 '쉼 없이/ 인생의 종점을 향'하고 있다. 그의 '인생 열차'의 차창 밖에는 '공허한 마음'과 '희로애락의 풍경'이 펼쳐지는 인생행로를 스스로 체험하게 된다.

이러한 '인생의 종점'에는 무엇이 기다리고 있을까. 그는 이제 '내릴 수도/ 멈출 수도 없는/ 내 인생의 기차여행'은 바람과 구름과 세월의 교감으로 시적 상황을 설정하고 있어서 해성 스님의 사유에는 무한한 '공허'를 천착하고 있음을 엿볼 수 있다.

이러한 시적 원류에는 '나'와 '삶'이라는 동류의 지향점을 읽을 수 있는데 대체로 '나(혹은 자아[自我])' 또는 '내 인생(존재의 인식)'에 대한 고뇌와 갈등 등 현실적인 문제들이 그의 내면에 침잠(沈潛)해 있어서 사유의 깊이를 차분하게 탐구해야 할 것이다.

내 마음의 그림자는
어떤 모습일까

삶의 길목
어두운 그림자 서려
힘이 들어도

인생의 실타래
끝없이 이어져도

기도와 수행으로
일어서는 모습
마음을 다스리며

나아가는 자신

내 마음의 그림자
뒤돌아보며
포근한 미소
다정한 말을
건넨다

-'마음의 그림자' 전문

여기에서도 '내 마음의 그림자'라는 상황을 정점으로 해서 '어떤 모습일까'라는 의문으로 설정하여 '삶의 길목'에서 다양한 자신의 내면의 진실을 분사하고 있다. 그곳에는 '어두운 그림자'와 '인생의 실타래' 등의 고뇌가 스며있으나 이를 '기도와 수행으로/ 일어서는 모습/ 마음을 다스리며/ 나아가는 자신'임을 당당하게 천명(闡明)하면서 나아가는 자신을 밝히고 있다.

해성 스님은 '하늘에서 내려준/ 이 하얀 도화지에/ 무슨 그림으로/ 내 인생을 그릴까-'흰눈' 중에서'라거나 '바람에/ 얼굴을 비벼대는/ 수줍은 소녀 같은/ 청순함에/ 내 마음도 담아본다-'들꽃' 중에서' 그리고 '닫혔던 가슴 열/ 허공 향해 속삭인다/ 행복/ 내 안에 있다고-'청수사 약수터' 중에서'는 등의 어조와 같이 해성 스님의 '인생 열차'에는 다양한 그림들이 채색되고 있는 것이다.

2. '그리움의 심연'에서 탐색하는 영혼

해성 스님이 포괄하는 내적 진실의 행로는 영원한 불망의 언어인 '그리움'이 상존(常存)하고 있음에서부터 탐색해야 한다. 그는 어떤 외연(外延)에서 발현된 체험적인 관념의 묵시가 강렬한 이미지로 발산하여 시적인 진실로 형상화하는 점을 간과할 수 없을 것이다.

대체로 그는 보편적인 사물에서 '그리움'을 창출하고 있는데 작품 '하얀 낮달'에서 '인적 없는 산모퉁이/ 적막 흐르고// 고독에 흔들거리는 갈대/ 홀로 쓰러진다// 그리움 하나/ 시리게 젖어드는데/ 구름 사이/ 외롭게 밀려가는// 하얀 낮달'이라거나 작품 '비의 가슴'에서 '비 그친 후/ 금빛 노을에 쓸려가는/ 그리움 하나' 등등으로 그가 착목(着目)한 만유(萬有)의 자연사물에서 투영된 관념의 보루인 '그리움'이 나타나고 있다는 점이다.

한 자락 바람소리
가지마다 맴도는데

가슴 적셔오는
그리움의 심연

삶의 뒤안길에서
아른거리는 추억
들여다보니

한없이 흔들리는
여린 마음 한 조각

한 폭의 그림 되어
허공에 걸린다
-'마음' 전문

우선 관념에서 생성하는 '그리움'의 정체는 무엇인가 살펴보자. 해성 스님의 심연에는 '삶의 뒤안길에서/ 아른거리는 추억'이 산재해 있다. 이것이 하나의 원류로 생성하여 이미지를 제공하고 이 이미지는 바로 그의 진실이 내재한 작품으로 승화하고 있는 것이다.

그는 바람소리가 가지마다 맴돌거나 가슴 적셔오면 '한 폭의 그림 되어/ 허공에 걸린다'는 여린 마음이 그리움으로 형상화하면서 공감을 유로하고 있다. 다시 '인적 없는 산모퉁이/ 적막 흐르고// 고독에 흔들거리는 갈대/ 홀로 쓰러진다// 그리움 하나/ 시리게 젖어드는데// 구름 사이/ 외롭게 밀려가는// 하얀 낮달-'하얀 낮달' 전문'과 같이 관념에서 외적인 사물('하얀 낮달')에서도 투영하고 있어서 관념과 사물(내적 혹은 외적) 이미지를 적극적으로 혼용하는 시법을 이해하게 된다.

그러나 그의 그리움은 다음과 같이 대체로 사물이미지(특히 화훼류(花卉類))에서 다채롭게 추출하는 경향을 감지할 수 있다.

-추억에 취해/ 그리움을 다독이는/ 갈대의 자장가// 노을에 흔들린다-'갈대' 중에서

-선방 문 두드리는 그 향기로/ 그리움 가득/ 도량에 떠도는 붉은 꽃-'매화' 중에서

-가슴 속 그리움으로/ 지친 몸 감싸주는/ 너-'달맞이꽃' 중에서

-임 향한 그리움/ 노랗게 갈무리하고/ 어느새 홀씨되어/ 허공을 날아간다-'민들레' 중에서

-그리움 가득 추억을 담아주는/ 아름다운 들꽃/ 야생화-'야생화' 중에서

-한 자락 그리움/ 그대 그림자로/ 머물고 싶은/ 이 영원-'수선화' 중에서

한편, 그리움의 저변(底邊)에는 심리적인 변전(變轉)으로 생성하는 '아쉬움'이 전제되거나 후속(後續)하는 그의 시법을 읽을 수 있는데 다음 작품에서 그 실체가 여실히 현현되고 있다.

어둠을 쏟아내는
세찬 빗소리
창문 두드리고

나뭇잎 흩날리는데
밤잠 설치는
아쉬운 이별

흐느끼는 들국화
보고픈 몸부림에
쓰러지는데

빗물로 토해내는
고달픈 영혼
지워지지 않는
인연의 슬픈 굴레

-'가을비' 전문

그렇다. 해성 스님의 심저에는 '밤잠 설치는/ 아쉬운 이별'과 '빗물로 토해내는/ 고달픈 영혼'이 그리움을 유발시키는 원천이 되고 있다. 이러한 사연은 '가을비'의 '어둠을 쏟아내는/ 세찬 빗소리/ 창문 두드릴' 때 더욱 생생한 환영으로 발현하는 특징이 있는 것이다.

이러한 '아쉬움의 흔적'은 작품 '세월'에서도 '힘찬 날갯짓/ 젊음을 수놓고/ 활짝 열린 가슴으로/ 영원을 다짐하던 꿈// 세월이란 이름에/ 흔적 없이 무너져/ 낙엽으로 흩날리는/ 인생의 발자국// 창문 밖/ 일렁이는 바람소리/ 아쉬움의 흔적 달래며/ 이제 어디로 가려는가'라는 어조로 '세월'을 한탄하고 있다.

이밖에도 그는 '잔잔한 파도소리/ 외로움 달래고-'수선화' 중에서'라거나 '쉼 없이/ 솟구치는 외로움/ 모래섬 쌓는다-'물결' 중에서', '산등성 조각달/ 마중 나와 달래주는/ 외로움-'능소화' 중에서' 그리고 '세월 속에 묻어버린 아픔을-'나팔꽃' 중에서'와 같은 어조로 외로움과 아픔 등이 그의 진한 그리움의 표상으로 현현되고 있어서 우리들의 가슴을 설레게 하고 있다.

3. 자비(慈悲)와 인본주의의 '동질 화해'

해성 스님의 불심(佛心)은 남다르게 빛난다.

불교의 교직자로서의 신앙이 바로 시와 접맥하면서 발현하는 시정신은 자비의 불심이 융해되어 문학(특히 시)이 갈구하는 인본주의(humanism)와 동질의 근본을 이해할 수 있게 한다.
이 시집의 표제시(表題詩)가 되는 작품 '하얀 고무신'은 해성 스님에게 내재된 덕목이나 염불 등 성직자로서의 수행이 바로 그 과정에서 동반하는 심경(心境)을 적나라하게 적시하면서 '달빛으로 꿰매어/ 댓돌 위에 놓여' 있는 '하얀 고무신'의 애환은 참으로 감명적(感銘的)이다.

처음처럼 하얀 마음 찾아서
머나 먼 길을 걷고 또 걷는다

땀과 눈물로 찌든 때
마음으로 씻어내며
끝없는 길을 걷고 또 걷는다

혼자 가는 외로움
빗물에 스며드는 험난한 길

달빛으로 꿰매어
댓돌 위에 놓으니
바람에 낙엽 한 잎 들어앉는다

깊은 밤 지새우며
가슴속을 떠나지 못하는
탐진치 삼독심(三毒心)을
살포시 내려놓는다
-'하얀 고무신' 전문

이 작품의 전개는 먼저 '처음처럼 하얀 마음 찾아서/ 머나 먼 길을 걷고 또 걷는다'는 도입 부분에서 눈치 챌 수 있듯이 그가 수행길을 떠나는 '하얀 마음'을 읽을 수 있다. 이 '머나 먼 길'은 계속해서 '땀과 눈물로 찌든 때/ 마음으로 씻어내며/ 끝없는 길을 걷고 또 걷게' 되는데 이 길은 '빗물에 스며드는 험난한 길'이며 외롭게 혼자 가는 고행(苦行)이다.

해성 스님은 결론으로 제시하는 '깊은 밤 지새우며/ 가슴속을 떠나지 못하는/ 탐진치 삼독심(三毒心)을/ 살포시 내려놓는다'는 안도의 심경으로 작품을 마무리하고 있는데 '탐진치 삼독심'의 번뇌를 내려놓는다는 형상은 우리 인간들과의 해악(害惡)으로 상관하여 이를 화해하는 시적 진실과 동일한 감정으로 이해할 수 있을 것이다.

이러한 불심은 세속의 인연들과 초월하지만, 대중들을 선(善)으로 교화하는 기능도 모든 불교경전에서 논하고 있는 것을 보면 실생활(real life) 뿐만 아니라 인간의 정신세계와 불가분(不可分)의 상관성을 갖는 것이 불도(佛道)라고 할 수 있는 것이다.

자애로운 그 미소
관세음보살
천개의 눈으로 모든 중생 살피고
일천 개의 손으로 괴로움을 건지시는

자비하신 관세음 관세음보살
중생들 고통소리 자비로써 감싸고
지혜의 빛으로 무명 중생 밝혀주는
구고구난 관세음 관세음보살

우리 모두 두 손 모아 지심귀의 하옵니다
-'관세음보살' 전문

해성 스님은 수행중에서도 자비에 대한 관념을 집중하고 있는데 그가 바로 관세음보살님이다. 관세음보살(avalokitesvara)은 대자대비(大慈大悲)를 근본 서원(誓願)으로 하는 보살님으로 가장 숭배를 받는다. 대비의 마음이 많아서 세상 사람이 그의 이름을 부르면

음성을 관(觀)하여 모두 해탈을 얻게 된다고 한다.

그는 천개의 눈과 일천 개의 손으로 '중생들 고통소리 자비로써 감싸고/ 지혜의 빛으로 무명 중생 밝혀주는/ 구고구난 관세음 관세음보살'을 오늘도 부르면서 '우리 모두 두 손 모아 지심귀의 하옵니다'라고 기도하고 있는 것이다.

이렇게 대자대비의 상징인 관세음보살님을 향한 그의 기원은 다음과 같이 나타나고 있어서 우리의 공감을 흡인하고 있다.

-중생의 목마름/ 자비로 채워주니/ 그윽한 자태/ 관세음의 미소로다-'연꽃' 중에서

-아름다운 행복의 문을/ 끝없이 열어주는/ 우리들의 사랑의 손길/ 자비의 메아리여-'우리는 모두 하나' 중에서

-영원한 자유 열리고/ 행복이 다가오는 소리/ 너와 내가 하나 되는 세상의 주인/ 사랑하는 마음으로/ 자비의 꽃 피우리-부처님 오신 날' 중에서

-어둠이 있는 곳에 밝은 빛이 되고/ 슬픔이 있는 곳에 기쁨을 주고/ 사랑과 자비로움 함께 나누는/ 희망과 행복의 노래 마음껏 불러 봐요-'날마다 좋은 날' 중에서

-자비의 발길 내딛는/ 그 마음 자애롭게/ 그 향기 포근하게-'꽃 전시회' 중에서

-바람결에 실려 오는/ 산사의 목탁소리/ 세상사 모든 시름/ 구름다리 건너가/ 자비로운 님의 미소/ 행복의 등불이다-'목탁소리' 중에서

-지난날의 아픈 기억들은/ 모두 바람에 날려 보내고/ 님의 손길 그리면서/ 자비로운 마음의 꽃/ 아름답게 피우셨어요-'님의 손길' 중에서

이밖에도 '님과 함께 피어나니/ 사랑이 열리는/ 정토 세상// 찬란한 빛/ 성불의 꽃이여-'우담바라' 중에서', '고달픈 중생 마음/ 어루만져 주시는/ 부처님의 고운미소// 번뇌 망상/ 구름 타고 날아

가고-'산사' 중에서', '바람으로 흐르는/ 노스님의 은은한 염불소리/ 빈 가슴 채워주는/ 거룩하신 님의 손길-'석굴암 가는 길' 중에서' 그리고 '산속/ 고요한 산사// 서원의 밧줄 부여잡고/ 무릎 꿇은 애절함에// 또드락 똑 똑 똑/ 터질 듯한 가슴/ 홀연히 비워낸다-'목탁' 중에서' 등의 어조와 같이 해성 스님의 불심과 시심이 융합하는 시법을 감상할 수 있는 것이다.

4. 서정적 자아와 사랑시학의 원류

해성 스님에게서 불성(佛性)과 맥(脈)을 함께 하는 시적 발상을 자연 서정에서 탐색할 수 있을 것이다. 만유의 화훼류에서 다양한 이미지를 창출하고 있는데 이 사물들은 계절적인 시간성과도 동행하면서 잔잔한 서정적인 시법으로 형상화하는 특성이 있다.

특히 작품 '봄이 오는 소리' 전문에서 '한줌의 햇살/ 얼었던/ 땅과 눈을 녹이니/ 잠자던 여린 새싹/ 따사로운 빛/ 기지개로 눈 맞춘다// 민둥산 아지랑이/ 아른아른 피어오르고// 새들도 지저귀며/ 친구 찾아 날아오니// 꽃향기 안고/ 그대 가슴속에/ 포근히 안긴다'는 봄의 정경에서 전개하는 시적상황이나 이미지는 새봄의 활기찬 정감이 포근하게 다가온다.

이러한 봄의 정황(situation)은 작품 '봄바람' '아지랑이' '진달래' '한줌 햇살' 등에서 감응할 수 있으며 가을 소묘는 '단풍' '가을' '코스모스' '은행잎' '열매' '낙엽' '뭉게구름' 등에서 감응할 수 있고 겨울은 '밤새 눈 내리고' 전문에서는 '깊은 밤 산사/ 숨죽인 듯 고요하다// 옷 벗어버린 나무들/ 하얀 옷 선물하는/ 산과 들// 아픔도 시련도/ 흑백으로 물들었다// 순백의 솔바람 타고 와/ 가슴을 적셔주는/ 당신의 향기/ 그윽한데'라는 동절(冬節)의 깊은 밤의 적막에서 '당신의 향기'를 절감하는 시법은 참으로 안온하다.

그러나 해성 스님의 서정적 자아는 사랑의 범주(範疇)에서 탐색해야 한다. 그것은 그가 추구하는 삶이나 수행의 원류에는 이 사랑학이 잠재되어 있어서 그가 실현하려는 최선의 지향점은 인간의 번뇌와 고통을 탈피하는 불성으로 화해하는 시적 진실을 이해할 수 있기 때문이다.

금빛노을 내려앉은 산자락
나부끼던 수풀 가쁜 숨을 삼키고
뭉게구름 쉬어가는 고요한 산사

땡그렁 땡 땡그렁 땡
처마 밑 물고기 바람에 기대어
눈물소리로 나를 부른다

이 세상 무엇과도 바꿀 수 없는
귀한 보배라며 잔잔한 미소로
어루만져 주시던
어루만져 주시던 어머니 어머니

잡은 손 뿌리치고 돌아선
이 자식 그리워 가슴 조이며
황혼 빛 그늘에서
옥 같은 모습 사라진 어머니

긴 세월 불효함에
가슴 깊이 묻어둔 눈물 감추며
풍경소리에 어머니의 사랑 담아
바람에 실려 보낸다
-'어머니의 풍경소리' 전문

보라. 해성 스님의 서정은 자연과 더불어 인간의 정의(情誼)를 흔드는 인간애에 그 기저를 설정하고 있다. 우선적으로 모정(母情)에 대한 심연에서 불망의 언어로 동화(同化)하고 있어서 공감을 확대하고 있다. 이러한 모정에 대한 이미지를 서정적으로 투사(投射)하거나 동화하는 시법들은 그가 착목한 자연 사물에서도 상호 연관을 갖게 하는 그의 관조(觀照)나 사유의 폭이 그만큼 광활하다는 점을 알 수 있다. 자세히 살펴보면 '군고구마'나 '바위', '호박', '절구' 등등 일상적인 사물에서 어머니의 흔적을 유추하는 특성이 정적(靜的)으로 발현되고 있는 것이다.

그는 '뭉게구름 쉬어가는 고요한 산사'에서도 '잡은 손 뿌리치고 돌아선/ 이 자식 그리워 가슴 조이며/ 황혼 빛 그늘에서/ 옥 같은 모습 사라진 어머니'의 이미지를 재생하고 있어서 그의 서정적 자아의 정립이 더욱 명징하게 형상화하고 있는 것이다.

그의 어머니에 대한 사랑학은 '어머니의 사랑/ 밤새 눈꽃으로 피었네-'군고구마' 중에서', '어머니의 기도처럼/ 굳은 의지 흔들림 없고-'바위' 중에서' '어머니 마음/ 사랑의 손길-'절구' 중에서' '모두를 품는/ 어머니의 가슴/ 모정의 비는 없을까-'비' 중에서' 그리고 '어머니 품속처럼/ 잘 익은 가을이다-'호박' 중에서'는 어조와 같이 다양하게 충만(充滿)되고 있다.

달 밝은 밤
눈빛 정원 눈부신데
정갈한 머릿결
숨죽인 손길과 춤춘다

쓰러질 듯
앞만 보고 걸어온
핏빛 발자취
희로애락으로 담으니

백발 선연한 세월도
텅 빈 가슴 속
잔잔한 메아리로 머문다

-'붓' 전문

다시 해성 스님의 서정적 자아의 진성(眞性)은 자연 정경에서 탐구되어야 할 것이다. 그는 '달 밝은 밤/ 눈빛 정원 눈부신데/ 정갈한 머릿결/ 숨죽인 손길과 춤춘다'는 상황에서 알 수 있듯이 자연 풍광에서 감응하는 서정은 바로 그가 추구하면서 삶을 영위하는 '쓰러질 듯/ 앞만 보고 걸어온/ 핏빛 발자취/ 희로애락'으로 표출되고 있다. 이러한 시법은 그가 재창조하려는 새로운 정신세계로 진행하는 대로(大路)에서 성찰과 기원이 포괄하는 사유의 근원이 되고 있는 것이다. 그가 '백발 선연한 세월도/ 텅 빈 가슴 속/ 잔잔한 메아리로 머문다'는 결론적인 어조에서 적시하는 '백발'과 '세월' 그리고 '텅 빈 가슴 속'의 세 박자의 음률이 바로 해성 스님 시학(poetics)의 합일(合一)이라는 점을 주목하게 된다.

해성 스님은 이 시집 '하얀 고무신'을 통해서 그동안의 신행(信行)에서 획득한 인생관이 바로 존재와 자아를 인식하는 일에서부터 영혼을 담구하는 그리움의 진원지를 모색하고 존재의 형태나 지향해야 할 지표가 바로 자비행(慈悲行)임을 궁극적으로 우리 인간들과 화해시키는 그의 가치관을 명민(明敏)하게 적시하고 있는 것이다.

그는 마지막으로 서정성 투영으로 자연과 인간의 화합을 위해서 사랑이라는 명제(命題)를 발현하는데 거기에서 '어머니'를 매개로 하여 사랑시학을 설정하고 있어서 그의 시혼(詩魂)은 결론적으로 '몸과 마음 여유로워 지니/ 삶의 무게도 가벼워지네-'해우소' 중에서' 그리고 '바람 안은 노을/ 하루의 삶을/ 포근히 안아준다-'이삭' 중에서'는 어조와 같이 그의 정서와 사유에는 안정된 향방의 심성이 충만되어 있음을 이해하게 한다.

그러나 항상 전하는 말이지만, 로마의 대시인 호라티우스가 그의 '시론'에서 말한 바와 같이 시는 아름답기만 해서는 모자란다고 했다. 사람의 심중(心中)을 뒤흔들 필요가 있고 청자(聽者)의 영혼을 이끌어나가야 한다는 것이다. 앞으로 시심과 불심이 융합하는 좋은 시를 많이 창작하기를 기원하면서 축하를 보낸다.

해 성 스님 시집
하얀 고무신

2019년 11월 10일 초판 인쇄
2019년 11월 12일 초판 발행

지 은 이 ‖ 해 성 스님
발 행 인 ‖ 정 병 국

펴 낸 곳 ‖ 도서출판 지식과사람들
등록번호 ‖ 제2-3436
주 소 ‖ 서울 중구 충무로 2길 20(충무로4가 3층)
대표전화 ‖ 02-2277-7674
E-mail ‖ jisik1198@naver.com
ISBN ‖ 978-89-94571-46-1

값 10,000원